いろんな学び方、あるんだね!

子どものためのLDガイド

ジュディス・スターン & ウージ・ベン=アミ 著
黒川 由美 訳
はやし・ひろ 絵

東京書籍

《編集注》
本書の子どもたちが読む部分については、
小学校3年以降に習う漢字に、ふりがなを添えました。
写真はモデルで撮影したものもあります。

文部科学省の定義によれば、学習障害（LD）は
「知的発達に大きな遅れはないのに、
学習面で特異なつまずきや習得の困難をもつこと」
をいいます。本書では、学習障害の概念を
より幅広くとらえて解説しています。

本書では、活字をたどりにくい子どものために
ご購入者に限り、拡大コピー使用を認めます。

Originally published in English under the title of
MANY WAYS TO LEARN: Young People's Guide to learning Disabilities
written by Judith Stern, M.A. and Uzi Ben-Ami, Ph.D. as a publication of
the American Psychological Association in the United States of America.
Copyright © 1996 by Judith M. Stern and Uzi Ben-Ami
The Japanese edition copyright © 2008 by Tokyo Shoseki Co., Ltd.
Illustrations copyright © 2008 by Hiro Hayashi
All rights reserved.

The Work has been translated and republished in Japanese language
by permission of the APA. This translation cannot be republished or reproduced
by any third party in any form without express written permission of the APA.
No part of this publication may be reproduced or distributed in any form or by
any means, or stored in anydatabase or retrieval system without prior
permission of the APA.

Printed in Japan

もくじ

保護者(ほごしゃ)の方へ ･･････････････････････ 5

パート1 学習障害(がくしゅうしょうがい)(LD)のことを知る ･････････ 7

1. はじめに ･････････････････････････ 9
LDってなんだろう？　12
きみだけがLDじゃない　13

2. ぼくの話 ･････････････････････････ 14

3. どうすればLDだとわかるの？ ･･････････ 19
知能(ちのう)とは　19　　知能検査(ちのうけんさ)　21
大きな困難(こんなん)　23　　そのほかの検査(けんさ)　23
校内委員会(こうないいいんかい)　24

4. どんなことに困難(こんなん)があるのでしょう ･････ 25
読むこと　25　　算数・数学　27
書くこと　29　　話すこと　30

5. どうしてLDなの？ ･･････････････････ 32
弱い部分(ぶぶん)をおぎなう　35
学習(がくしゅう)を困難(こんなん)にするさまざまなこと　35
学習を困難にするそのほかのこと　39

パート2 学習障害(がくしゅうしょうがい)(LD)をコントロールしよう ･･ *41*

6. きみにできること ････････････････････ 43
自分を好(す)きになろう　44
長所(ちょうしょ)をのばそう　45
「つまらない」と言わないで　47
あきらめずに続(つづ)けよう　48
失敗(しっぱい)から学ぼう　49

目標を決めよう　50
　　　自分をはげまそう　51

7. 学校生活を過ごしやすくするには ･････････ 52
　　　助けてくれる人をみつけよう　52
　　　教育的配慮　54
　　　自分に合ったやり方をみつけよう　55
　　　自分の学習のとくちょう　56
　　　自分のことを話そう　57
　　　特別支援学級　58
　　　助けてくれるほかの人たち　59

8. 学校以外の場で楽しむために ･････････････ 60
　　　いごこちのよい家　60
　　　ずっと友だちでいるために　63
　　　カウンセラーの助け　66

9. コンピュータを使う ･･････････････････････ 67
　　　キーボード　68　　　ワープロ機能　69
　　　そのほかのソフト　70
　　　ほかの便利なハイテク機能　72
　　　ノートパソコン　73

10. さまざまな学び方 ････････････････････････ 74
　　　読み　75　　　書く　79
　　　話す　80　　　算数・数学　81
　　　宿題　82　　　テスト　85
　　　整理と計画　89

おわりに ･････････････････････････････････ 93
訳者あとがき ･････････････････････････････ 94

保護者の方へ

　子育てには多くの喜びがありますが、同時に頑張らねばならないことがたくさんあるのも事実です。お子さんが学習障害で悩んでいるのを見れば、子育てはいっそうきつくなるでしょう。親が家庭でできるのは、子どもを支える環境を整え、必要な手助けをすることですが、お子さんが学校で感じる落胆や心の傷は、容易に取り除くことはできません。そんなとき、ほかにできることはないのかと自問されるでしょう。答えは、もちろん「あります」！ 保護者や教師にできることに加え、これがもっとも重要なのですが――子ども自身にできることは非常にたくさんあります。

　本書は学習障害（LD）のある小・中学生の読者を対象にしています。これを読めば、自分の状況を自分で改善する方法を学ぶことにつながります。この本ではまず、「学習障害がある」とはどういうことなのか、それを明確かつ前向きに理解してもらうことを目的としています。LDは学校での成績に影響します。そのため、LDが教育現場でどう捉えられているのかを述べます。これはおのずと、特定の教科を学ぶうえでのむずかしさに重点を置くことになるでしょう。このように、本書の内容はお子さんの学校生活と直結しています。

　ほとんどの子どもは、自分のLDは知能に関係していると思うようです。そういった不安をやわらげ、彼らに共通する悩みを明らかにするため、知能と学習における脳の役割についても説明します。こうしたテーマは、専門家にとっても解明がむず

かしいものです。しかし、わたしたちはことを複雑にするよりも明快にするよう心がけ、子どもが心理的な負担を感じすぎずにLDを理解するきっかけがつかめるよう、配慮しました。

　LDによる不利な面をどうやって補えばよいのか——お子さんがそれを学ぶための提案や助言は、その次のステップです。ここでは、日ごろから学校や家庭で実践できる多彩な学習方法を提案します。子どもがひとたび自分に合った学習方法や教材をみつけたなら、それによって自尊心が高まり、より楽観的になっていきます。

　おそらく、LDの子どもが本書から得るもっとも強力なメッセージは、**自分のもっている長所こそが将来の道を切り開いていく**、ということだと思います。保護者や家族のお力がいちばん必要とされるのもこのときです。子どもを育み、励ますときには、どんなものであれ、本人ができることをみつけられるよう、どうか忍耐強く手助けしてあげてください。LDのお子さんが何歳であっても、努力と達成という"山を登る"とき、途中まで導いていくのはお父さん・お母さんだと思います。忍耐と支援こそがあなたのツールです。お子さんのためになるのは、前向きな態度、現実的な情報、創造性、そして確かな知識に基づいた理解です。

　一緒にこの山を登る皆さんも、LDの子どもたちとの登山を楽しんでいただけることを願っています。

ジュディス・スターン
ウージ・ベン＝アミ

パート1

☆

学習障害(がくしゅうしょうがい)(LD)のことを知る

1 ☆ はじめに

　学習障害（LD）に取り組むことは山登りに似ています。とちゅうには、岩だらけで、けわしい道もたくさんあるでしょう。道に迷い、あせってしまうかもしれません。でも、山登りには喜びがたくさんあります。まわりの景色はきれいだし、下を見れば「こんなに高いところまで登ってきたのか！」と、自分の力をほこらしく思うことだってできます。

　登りはじめは、上を見て、あとどれだけ歩くのかと考えたり、頂上がはるか遠くに思えたりするかもしれません。登山の装備も重く、ラクでないこともあります。それでもゴールにたどりつきたいという強い思いによって、がんばるでしょう。たいせつなのは、そんな前向きな態度や努力です。また、なるべく簡単に楽しく登る方法も、いろいろ考え出すかもしれません。そうするうちに、やがては登りきれる、と思うようになるはずです。

　経験のあるガイドといっしょに登れば、助けてもらえます。親、先生、カウンセラーはよいガイドさんです。道がけわしく

なったら、親友がはげましてくれるでしょう。楽しいときは、いっしょに喜んでくれるでしょう。仲間がいるのは、心強いことです。

　山登りにはいろんな方法があります。同じように、学校生活を楽しみながら学ぶ方法もたくさんあります。この本はそれを教えてくれるガイドブックです。

　これを読んでいるきみは、すでに学習障害（LD）があると言われているかもしれません。もしそうなら、自分のために最初にできるのは、LDとは何かを知ることです。それから、自

分が困っていることについて、どうすればいいか考えていきましょう。

　この本を読むときは、心を大きくひらいてください。すでに知っていることが書かれているかもしれないし、はじめて聞くことがあるかもしれません。きみに当てはまらないこともあるでしょう。そういうところは、とばしてもかまいません。でも、「これはぼくに関係ない」と言いきる前に、たしかめてみるのもよいことです。それまで知らなかった、役立つ方法が学べるかもしれません。書いてあることの意味がわからなければ、ほかの人に説明してもらいましょう——お父さん、お母さん、先生、カウンセラーの人たちが助けてくれるはずです。きみにとって「これは重要だ」と思うことがあったなら、メモしておけば、あとでゆっくり考えることもできます。

　わたしたちは、これまでおおぜいのLDの子どもたちと接してきました。この本ではまず、きみたちにはどういうところが共通しているのか、知ってほしいと思います。そして、きみたち一人ひとりが、おどろくほど個性的だということも！

　きみがLDを知ろうとするなら、その前に自分にできることをよく知ることが大事です。この本は、きみが長所をみつけるのに役立つでしょう。また、学ぶ力をアップさせる方法がたくさんあることも、わかるでしょう。

LDってなんだろう？

　LDを短いことばで説明すると、次のようになります──
「平均かそれ以上の知能があるにもかかわらず、教科を学ぶときに大きな困難がある場合、その子は学習障害（LD）である」とされます。LDについては、あとの章でくわしく説明しましょう。「LDとはどういうものなのか」「どうすればLDだとわかるのか」「LDの子どもはどんなふうなのか」といったことです。そしてもっとも大事なのは、きみがLDならば、何をすればよいか、という点です。

きみだけがLDじゃない

　世界じゅうには、LDだとされている人がおおぜいいます。アメリカだけでも200万人もの子どもに、LDがあるといわれています。そのなかには男の子もいれば女の子もいて、LDの大人もいます。
　有名な科学者のアルバート・アインシュタインは「読み」に関するLDがありました。8歳になるまで読み方が覚えられなかったのです。かれは科学と数学の分野では非常にすぐれていましたが、小さいころ、先生から「この子はけっしてうまく読めるようにはならないし、卒業するのもむりだろう」と言われました。アインシュタインは天才で、自分の研究分野では人並みはずれて優秀でしたが、苦手な勉強もあったのです。でも、**アインシュタインはあきらめず、けっしてじょうずではなかったにせよ、読み方を学びました。**かれは大人になって相対性理論という考えを発表し、わたしたちの宇宙の見方を大きく変えたのです。

2☆ ぼくの話

ぼくの名前はアレクザンダー・イアン・パポロス。いまは10歳で、LDだよ。これは病気とはちがうんだ。からだに悪いところは何もないけど、読み書きがうまくできないっていう問題がある。勉強は苦手なわけじゃないけど、読むことと書くことにはけっこう苦労してる。

うまく読めないことがわかったのは、5歳のとき。小さいころにテレビを見るのは読み書きの助けになるっていうけど、ぼくはテレビにまったく興味がなかったな。自分から読んだり書いたりしたいと思ったこともない。まわりの人からなだめすかされ、字を教えられてきた。読むのも書くのも苦手だから、ぼくが考えていることはほかの人に書き取ってもらってる。これもそうだよ。

字を見ていると、まっくらな穴をのぞいているような気がしちゃう。ページがたくさんあったり、本の字が小さかったりす

ると、にげたくなる。なんとか読まずにすませられないかって、考えてしまう。心臓がドキドキして、それがイヤでたまらない。でも、本を見ると、そうなってしまうんだ。

　LDがあると、いろんな学科でよい成績をとろうとしても、うまくいかないよ。ぼくの得意科目の成績を見た人は、よくできる子だと思うみたい。でも、読み書きの成績を見ると、ガラっと変わっちゃって、ぼくのことを「思っていたほどかしこくない」って思うみたいだね。いまぼくは、頭が悪くて、なまけ者だと思われてる。

　授業で教科書を音読するように言われると、つっかえたり、単語がわからなくなったりするから、すぐにクラスの子が、読めないことばの発音を教えてくれる。でもこういうことって、すごくはずかしいし、イヤな気持ちにもなる。友だちは、ぼくがぜんぜん字が読めないと思って、そうするんだ。

　クラスで「つづり当て」ゲームをすることがあってね、正解のときは、賞品がもらえるの。みんなは、ぼくが字を正しく書けないと思ってるんだ。ほんとは、ゲームに出てくる単語はたいてい知ってるのに。

　自分がLDだと知ったとき、うれしくも悲しくもなかった。でも、頭が悪いわけじゃないとわかって、安心したよ。できないことは、いくつかあるけど……。知らないことばがあると、音が似ている別のことばだと思っちゃう。ぜんぜんわからないときは、つづりをじっと見たまま、止まっちゃうんだ。でも苦

手なものが読み書きだけだというのはラッキーだよね。
　少しずつ上達してるのはわかってるけど、ほかの子のように、うまく読めるようになるとは思わない。頭がそんなによくなくても、ぼくよりじょうずに読む子を見ると、ちょっと悲しくなる。少しでも読めるようになろうと、毎日、勉強してる。学校の先生や家の人とくりかえし練習するうちに、少しは進歩したよ。どんなに長い旅だって、最初は一歩から始まるんだから。

自分のことをダメなやつだと思わないために、得意な科目のことを考えるようにしてる。理科とか算数とか体育。でも、ときどき学校でからかわれたり、笑われたりするよ。ぼくのことを、へんな目つきで見る人だっている。でも、あとからこういうふうに考えるんだ──もしぼくのような子にひどい態度をとるのなら、そんな人のほうが、ぼくよりずっとなさけないやつだって。よくあることだけど、みんな、自分のできないことをかくそうとして、自分にはできないことなんかない、っていうふりをするよね。

　人にからかわれると、すごく落ちこむ。でも、ぼくはそのあとで、ほかの人より自分のほうがじょうずなことを考えるようにしてる。そしたら元気が出てくるよ。

　ときたま、将来、卒業できないかもしれないと不安になることはあるけど、きっとうまくいくと思ってる。そういうのって、うしろ向きな考え方だよね。お母さんはぼくがちゃんと卒業できると言ってくれるし、たいていはお母さんの言うことが信じられる。たまには、ちょっと不安になるけど……。ほかの人にばかにされたときとか、ぼくの好きな人や、いい印象をもってもらいたい人といっしょにいるときなんかは、ヘマをしないようにって、ものすごくがんばるんだ。音読で当てられたときは、読めない字をじっと見て、必死で思い出そうとする。そんなとき、さいみん術の世界に入っていくみたい。読むのがどうしてこんなにむずかしいのか、ぼくにはわからないよ。でも、自分

をあわれんだりはしてない。もっと大きな障害がある人だっているんだから。

　LDでよかったと思うのは、障害のある人たちに思いやりがもてることと、学校のテストで時間をたっぷりもらえることかな。お母さんが話してくれたけど、いまでは大学もLDの学生を受け入れ、ぼくらが勉強し進歩するのを支援してくれるんだって。

　もう一度生まれ変われるなら、LDじゃない子になりたいと思うことはあるけど、そんなときは、自分にできて、ほかの人にできないことを思いうかべるようにしてる。そうすれば、ぼくがこういう人間に生まれたことを受け入れられるようになるから。

　ここに書いてあるのは、全部ほんとうのことだよ。ぼくにとって、LDっていうのはこういうものなんだ。

3☆ どうすれば LDだとわかるの？

　人にはそれぞれちがった勉強法があります。これは「学習スタイル」とよばれます。ほとんどの子どもは自分に合ったスタイルで勉強することができます。けれど、もしきみが平均か、それ以上の知能があるのに、学校で読み書きや算数を習うとき、どんなに努力しても、**むずかしい**と感じるなら、きみは LD なのかもしれません。

　LD とは、ふつうの人と同じか、それ以上の知能があっても学習に困難があるという障害なので、心配ならば知能を調べてもらうことができます。

知能とは

　知能とは、新たな問題への答えや、何かをするときの新しい方法をみつける能力のことで、学校だけでなく、さまざまな場

で使われます。知能には、理解したり学習したりする能力もふくまれています。

　知能はいろいろな場面で発揮されます。お父さんとお母さんが、せまいドアから大きなソファーを運び出そうとしているとしましょう。きみがそれを手伝うときにも、知能を使っています。こわれたビデオカメラの直し方をみつけるときにも、そうです。言い争いをしているとき、自分が不利にならないよう、うまいことばやアイデアをさがすときにも、知能が必要です。友だちの家から自分の家に帰る近道をみつけるとき、サッカーの試合でどんなプレイをするか考えるとき、ダンスで新しい動きを創造したりするときにも、知能を使っています。

　このように、いろいろな場面で知能がうまく使えても、ある

科目では、どうしてもほかの人たちのように速く、すんなりと学習ができない人もいるでしょう。それがLD（学習障害）とよばれる理由です。

知能検査

　知能検査というのは、「学校でどれだけうまく、すみやかに、新しく教えられたことが学べるか」という能力をはかるために用いられます。知能検査によって、知能を示す数値（IQ）が知らされます。

　ほとんどの人のIQは平均的なものです。平均的なIQというのは、きみの知能はまんなかぐらいで、それより高い人も低い人もいくらかいる、ということ。もしきみがLDなら、きみ

のIQは少なくとも平均値はあります。だから、「知能指数が低い」と人にからかわれても、そんなことを信じてはいけません。**きみには、まわりの子たちと同じくらいか、それ以上の知能があるのです。**

　もしIQが高いのに、読み書き、あるいは算数・数学の能力がその学年のレベルに達していないなら、学校の先生はきみのことをLDだと思うかもしれません。これは、IQの数値から期待できる学習成果があがっていないことを示しています。

　知能検査は、生活のあらゆる側面でのかしこさをはかる数字ではありません。IQは学校の外でどれだけうまく生活ができ、人生でどれだけ成功するのかを示す数字じゃない。また、いっしょうけんめい努力しているかどうかを示す数字でもない。人の話をどれだけよく聞き、学校でどれだけきちんとしていられるのかを教えてくれる目安でもありません。さらには、友だちと仲よくできるかどうか、運動や絵や工作がどれだけ得意か、ということを示す数字でもないのです。知能検査はどれだけじょうずに話せるか、歌えるか、おどれるか、ということとも関係がないよ。でも、これらはみんな、学校の勉強と同じくらい、生きていくのに たいせつな能力。人生で成功するには、まず自分のかかえている問題を解決し、まわりの人たちとうまく生活していくことが必要です。

大きな困難

　すでに説明したように、学校でLDがあるとされるのは、「平均かそれ以上の知能があるにもかかわらず、ことばの学習や読み書き、算数などにおいて、長期にわたって**大きな困難がある**」ということです。では、「大きな困難」というのはどういう意味なんだろう。

　例をあげます。きみが6年生で、平均的なIQがあるのに4年生の算数までしか理解できなければ、おそらくは算数の授業で苦労するでしょう。算数で2学年おくれるのは、大きな困難だといえるのです。

そのほかの検査

　LDかどうか判断するときには、知能検査のほかにも検査をおこないます。読むこと、書くこと、計算能力については、特別な検査をします。ふつうは、ことばの能力、聞く力、記憶、反復、注意力、作業速度、などを調べます。それからたぶん、自分のことや学校についてどう感じているか、質問されるでしょう。こうした検査は、楽しみながらできると思います。学校の先生やお父さん・お母さんに、きみのようすを聞くこともあります。おこなったすべての検査とそのほかの情報をあわせて、きみがLDなのかどうか、判断されます。

校内委員会

LDについての検査がすべて終わってLDと判断されたなら、親や先生たちが集まって、きみに特別な助けが必要かどうか話し合います。必要だということでみんなの意見がいっちすれば、先生たちは、きみにうまく勉強を教えるための計画を立てるでしょう。これは個別指導計画（IEP）とよばれます。

4☆ どんなことに困難があるのでしょう

きみがLDだとしたら、ふつうは学校から、教科ごとに困難を感じている内容を知らされます。たとえば、読むのがむずかしい人も、計算が苦手な人もいるでしょう。この本では、次のことがらについて説明します。

　　読むこと
　　算数・数学
　　書くこと
　　話すこと

読むこと

読むのが苦手な人には、次のいくつか（あるいはほとんど）の問題があるかもしれません。

- [ ] 文字の向きをさかさに見てしまう(「d」と書いてあるのに「b」と読んでしまうなど)。
- [ ] ことばや文章をとばしてしまう。
- [ ] 読むのがとてもおそい。
- [ ] うまく読めるようになるまでには、ほかの子に比べて時間がかかる。
- [ ] 文字を声に出すのがむずかしい。その文字がどんな音になるのか、すぐに思い出せない。ことばや音をまとまりでとらえるのが、むずかしい。
- [ ] すでに何度か見ていることばでも、なかなか見分けられない。
- [ ] あることばを、似ている別のことばとまちがえやすい。
たとえば、「氷」を「木」や「水」と、「池」を「地」と読みちがえたり、英語なら「where」を「were」と読みちがえたりしてしまう。

☐ 書いてあることが正しく読めても、その意味がとれていない。

どうすればいいでしょう？

○ 単語を覚えるときは、文字をひとつひとつ、音をひとつひとつ口に出すほうが覚えやすいかもしれません。

○ 一度にことばのまとまりで覚えたほうが、頭に入りやすいこともあります。そのときは、ことばを一字一字くぎって発音しなくてもよくなります。

○ 新しいことばは、前後の文章を読み、あとからその意味を調べるほうが覚えやすいことがあります。

算数・数学

算数や数学を学ぶのがむずかしい人には、次のいくつか（あるいはほとんど）の問題があるかもしれません。

☐ ほかの子に比べ、算数や数学のきまりを理解するのがおそく、苦手だ。新しい考え方がわかるまでには、時間をかけて、くりかえし練習しないとならない。

☐ 文章題を解くとき、問題の意味がとれないことがある。

☐ 暗記が苦手。九九や算数のきまり、数式などがなかなか覚えられない。

☐ いくつかの段階をふんで解いていく問題に苦労する。

☐ あわててやってまちがえたり、注意が足りずにミスしたりすることがある。

どうすればいいでしょう？

○ 目で見たり、手でふれたりできるものを使ったほうが理解しやすいことがあります。かぞえ棒や、ブロック、計算機などの助けをかりましょう。

○ コンピュータを使うと、覚えやすいかもしれません。また、暗記にはカセットテープやCDをくりかえして聞くと効果があがります。

○ 少人数のグループで学ぶほうが、先生に助けてもらいやすいでしょう。

○ 文章題では、先生が絵にかいて説明してくれれば、問題がわかりやすくなることがあります。

書くこと

書くのがむずかしい人には、次のいくつか（あるいはほとんど）の問題があるかもしれません。

☐ えんぴつやシャープペンがうまくにぎれない。また、読みやすい、きちんとした字を書くのがむずかしい。

☐ せっかく書いた文字も、ほかの人には読みづらい。書いたものをしょっちゅう消してしまったりする。

☐ アイデアをもっていても、それをうまくまとめられない。自分の考えを、人にわかるように書くのが苦手だ。

☐ 書いたものに、まちがいが多い。たとえば、句読点や「　」（かぎかっこ）のつけ方がおかしかったり、英語では使うべきところで大文字を使わなかったり、ちゃんとした文章になっていないことがある。

どうすればいいでしょう？

○ １行おきに書くと、文字が読みやすくなります。

○ 書き直すときのために、消せる筆記用具を使いましょう。

○ 書きやすい筆記用具を使えば、つかれにくいよ。えんぴつやシャープペンをきつくにぎっているなら、ほかの人に正しい持ち方を教えてもらいましょう。指が当たるところがゴムになっているえんぴつは、使いやすく、おすすめです。

○ 書きたいことを整理するには、「全体をどうまとめるのか」「とりあげる項目にはどんなものがあるのか」をメモし、絵やリストにすると、助けになります（79ページを見てね）。

○ コンピュータを使って書くと、すごくラクになります（9章を見てね）。

話すこと

うまく話せない人には、次のいくつか（あるいはほとんど）の問題があるかもしれません。

☐ 話しているとき、ことばをみつけるのに苦労する。

☐ 話のポイントがまとまらず、いつまでも話しつづけてしまう。

- ☐ 先生に言われたことを理解し、そのとおりに行動するのがむずかしいときがある。

- ☐ はっきりとストレートに言われないと、わからないことがある。

- ☐ ほかの人がいるときに、うまく話せない。みんなの会話に加わったり、話をやめたりするタイミングがわからない。グループでの話し合いにどう参加すればいいのか、とまどってしまう。自分が話す順番がわからず、ほかの人の話のじゃまをしてしまうことがある。

- ☐ ほかの子がじょうだんや何かおもしろいことを言っても、その意味がわからないことがある。

どうすればいいでしょう？

- ○ みんなの前で話をするときは、あらかじめ言いたいことをメモしておきます。

- ○ 聞いたことがよくわからなかったら、それを別の言い方で説明してもらいましょう。

- ○ 話し方がじょうずになるよう、ことばの教室の先生やほかの先生から、これまで知らなかったいろいろな方法を教えてもらいましょう。

5☆ どうしてLDなの？

　何かを学ぶときには、いつも「脳」がはたらいています。はたらいているのは神経系とよばれるところです。脳には「ニューロン」という千億以上の特別な細胞がありますが、それらはたがいに電気的・化学的につながっています。こうしたニューロンのはたらきによって、さまざまなメッセージが受け渡しされるのです。

　学習するときにも、脳が役割を果たします。新しい算数の問題の解き方を学ぶとき、学校では、黒板を見て、先生の話を聞き、理解し、解き方を順番に書き写し、それを覚えます。こうしたいくつものステップをこなしていけるのは、脳のさまざまな部分が同時にはたらくからです。

　学習はとても複雑なので、脳がちゃんと はたらかないこともあるでしょう。そんなとき、学習がうまくできなくなります。

　学習が困難になるのは、次のような原因があるときです。

- □ あるメッセージを伝えるためのニューロンの「数」がじゅうぶんでない。
- □ ニューロンがメッセージを伝えるのがおそすぎる。
- □ メッセージを受け渡しするニューロンが、うまくつながっていない。

　学習がうまくいかない子どもでも、脳のほとんどの部分はちゃんと はたらいています。だから、いくつかの教科で成績がよくなくても、そのほかの教科では、うまくできるのです。

　脳のはたらきだけに注目すると、LDの子どもの多くには、ちょっと見ただけでは、なんの問題もみつからないようです。それなら、なぜ読み書きや計算を学ぶのがむずかしいのでしょう？ それは計算するときに使う脳の部分や、読むときに使う脳の部分がうまく はたらかなくなっているからです。

　このしくみを理解するために、鳥とライオンを想像してみましょう。どちらも自然の生活に適応していますが、脳の発達のぐあいは異なっています。鳥の脳は、高い空から地上のものに気づくのに適しています。ライオンの脳は、草むらの中から聞こえてくる小さな音を察知するのに適しています。鳥もライオンも独自の能力があって、別のことをするときに、それぞれのすぐれた力が出せるのです。

弱い部分をおぎなう

　脳のしくみを見てみると、あるひとつの領域がうまく はたらかないとき、かわりに別の領域がはたらくことがあります。たとえば、暗算でかけ算をするのがむずかしい人でも、ビーズやブロックを使うと、正しい答えを出せることがあるよね。目と手を使ってかけ算をするときは、（目だけのときと比べて）脳の異なる部分を使っています。専門的には、これを代償とよびます。あたえられた課題をこなすために、よりよい別の方法でやりとげているのです。だから、きみが苦手な科目では、きみに合った特別な学習法が必要になります。もっとよい学び方をみつけるために、担任の先生やほかの先生たちが助けてくれるでしょう。

学習を困難にするさまざまなこと

　脳にいろいろな問題が起きると、学習がむずかしくなる場合があります。どんな勉強が苦手かどうかにかかわらず、きみには次のようなことが当てはまるかもしれません。

　●聞いたことが理解できない。このようなとき、「聴覚処理に問題がある」といわれます。きみがそうなら、似たようなことばを区別するのがむずかしい、と思うでしょう。耳で聞

いたことが、すぐに理解できないかもしれません。まわりの雑音が気になって、人の話に集中しにくくなることもあります。

●見たことが理解できない。このようなとき、「視覚処理に問題がある」といわれます。きみがそうなら、形や文字・ことば・数字などのちがいが見分けられないかもしれません。文字の左右が逆に見えたり、語順をまちがえて読んでしまったりするでしょう。たとえば、「さ」を「ち」、「数学」を「数字」と読んだり、英語なら、「b」を見ているのに「d」だと思うとか、「was」を「saw」と読むことなど。こうした問題は「読み書き障害」とか「ディスレクシア」とよばれます。

　目から入った情報の処理に問題があると、ほかにもむずかしいことがあります。文字がたくさん書いてあるページを見ると、混乱してしまうかもしれません。つづりの長い英単語が出てくると、ひとつひとつの文字がきちんと見分けられなかったりします。読むときは、ことばを とばしてしまうかもしれません。また、本を読んだり書き写したりするとき、どこを見ているのか、わからなくなることもあります。

●覚えていられない。記憶に問題があるなら、勉強したことがなかなか覚えられないでしょう。つづり、算数のきまり、社会科など暗記が必要な勉強では、覚えるまでに長い時間がかかるかもしれません。また、考えを追っていけなくなって、流れがわからなくなることもあります。先生の指示がいくつもある

と、覚えておくのがむずかしいかもしれません。

●**字や絵がうまくかけない**。これらは「視覚運動性の問題」とよばれます。この問題があると、目で見た漢字、イラストやデザインを、うまくまねられなかったり、はさみで線の上をまっすぐに切ろうとしても失敗したりします。字がきちんと書けなくて苦労するかもしれません。

●**すみやかに作業できない**。学習でも、何かを作るときでも、できることはできても、ほかの人よりずっと時間がかかるかもしれません。これは、「処理速度がおそい」ために起こります。

●**論理的な思考ができない**。順序よく考えていく課題をこなすのがむずかしいなら、きみは論理的な思考が苦手なのかもしれないね。もしそうなら、算数の問題の解き方が覚えられず、

苦労するでしょう。また、話をとちゅうまで聞いて、終わりがどうなるか予測できないかもしれません。何かしようとして、最初の方法がうまくいかなかったとき、別のやり方を考え出すのがむずかしいこともあるでしょう。

●前もって準備ができず、注意を集中させられない。きみは心の準備をし、注意を集中させるのが苦手かもしれません。こうした問題は「実行機能障害」とよばれます。

　この問題があると、何かを計画したり、勉強を始めたり、ひとつの作業に集中し完成させたりすることが、むずかしくなります。せっかくやった宿題のプリントをなくしてしまったり、宿題をやっても雑だったりします。家に持って帰るはずの教科書やプリントを、学校に置いてくることもよくあるでしょう。

　注意力に問題があって、気がちりやすく、授業についていけなかったり宿題ができなかったりすれば、「注意欠陥／多動性障害（ADHD）」かもしれません。ADHDなら、教室でじっとすわっていられないこともあります。きちんと学習して、よい成績をとるのがむずかしいかもしれません。そうなると、LD（学習障害）だと思われることもあります。ADHDの子がすべてLDだとは限りませんが、かなりの人がそうであるのも事実です。ADHDの子でも、家や学校できちんとした支援をしてもらえれば、よくなることがあります。薬をのめば、ADHDの状態が改善されることもあります。

学習を困難にする そのほかのこと

　●**不安**。不安とは、何かについて長いあいだ心配したり、なやんだり、おそれたりする気持ちです。心配なことをかかえたまま学習するのは、とてもきついことです。

　たとえば、お父さんとお母さんがケンカばかりしていたら、この先、どうなってしまうのかと不安になるでしょう。そのことで頭がいっぱいになると、教室での話に注意が向けられないかもしれません。すると成績はさがっていきます。これはLDが原因ではなく、家のことがおちついてくれば、学校の勉強に集中しやすくなるでしょう。

　●**からだの障害や病気**。視力や聴力（聞く力）が弱かったり、病気で学校を長く休んだりして、勉強についていけないことがあっても、それでLDだと思われることはありません。

パート2

☆

学習障害（LD）をコントロールしよう

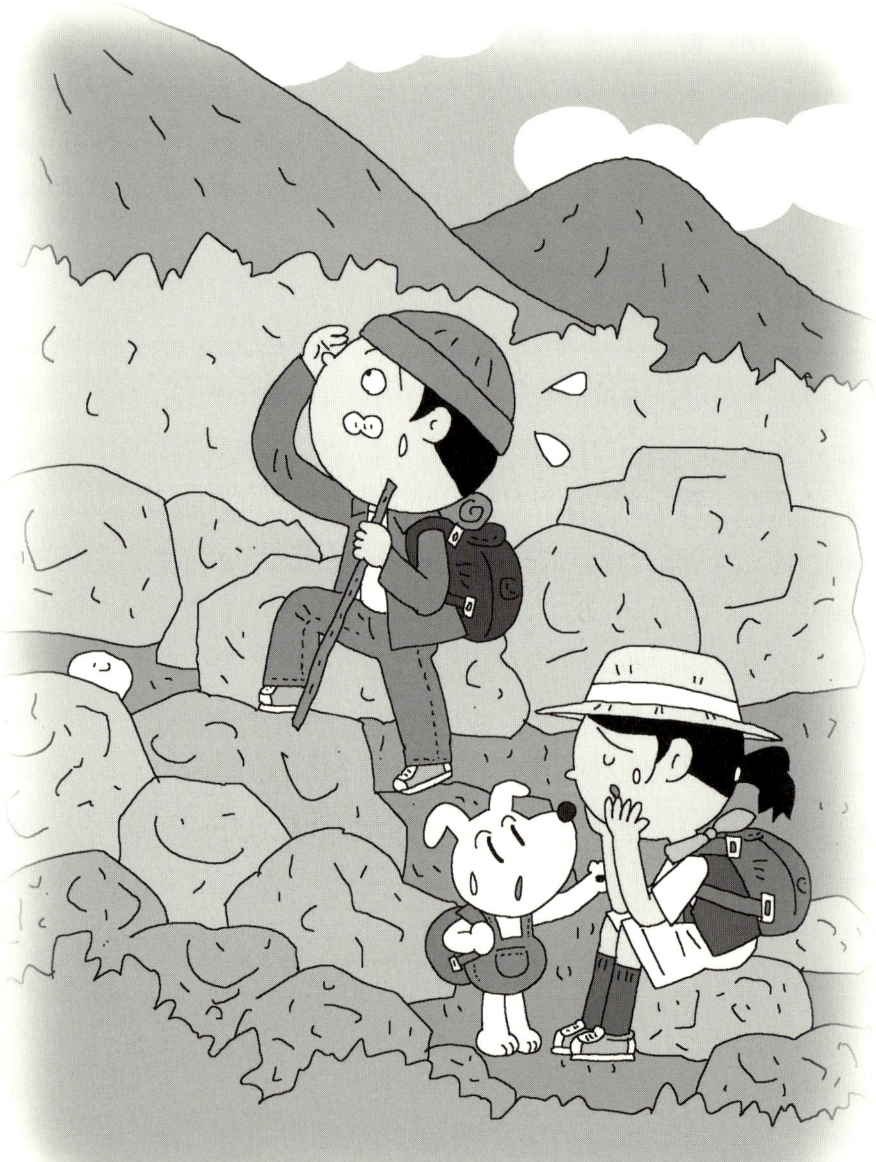

6☆
きみにできること

　もしきみがLDなら、ほかのLDの子どもたちと同じような気持ちになるだろうね。

　いっしょうけんめい勉強しているのに、正しく答えられず、成績もよくならなければ、**不満**がたまります。ほかの子は覚えてしまったのに、自分だけわからなければ、**おいてきぼりになった**と思うでしょう。頭で考えていたことを、言ったり紙に書いたりしようとしたとたんに忘れてしまえば、自分に**怒り**を感じるでしょう。なかなか進歩せず、少しずつしか理解できなければ、**自信**をなくすこともあるでしょう。テストの答えがわかっていたのに落第点しかとれなければ、自分はどうしてこうなのかと**混乱**するかもしれません。また、授業中に正しく答えられないと**はずかしい**よね。

　　　　でも、ちょっと待って！

　こうした気持ちになるのはふつうだけど、よくなるために自

分にできることだって、いろいろあります。それをすれば毎日がもっと楽しくなり、わくわくし、自分に満足し、ほこりがもてます。

自分を好きになろう

　自分のことを「いいな」と思えれば、自尊心をもっていられます。これは自分をたいせつに思う心です。けれども学習に困難があると、自尊心を保つのがむずかしくなります。ほかの子に笑われたり、からかわれたりするかもしれません。LDだと知らされたら、「どうして、ぼくはLDなんだろう。そんなのって不公平だ」と思うかもしれないね。でもこれは、「なぜ、ぼくは背が高いの？」「なぜ背が低いの？」「わたしの髪の毛がまっ

すぐだなんて、不公平だわ！」って言うのと同じようなこと。LDも、きみ自身の一部です。そんな自分を好きになりましょう。次のことばを知っていますか？

この世に生まれてくる人は
みな、あるがままで完全な人間です。

　そう、きみも完全な人間です！　これを心から信じるには、自分のもっている長所のたいせつさを理解しなければなりません。

長所をのばそう

　自分を好きになるには、いつも自分のよいところを考えていることが大事です。そうすれば、むずかしいことにも立ち向かっていけます。「ぼくは国語が苦手だけど、走ることは得意だ」「わたしは算数の問題にはいつも苦労するけど、とてもすてきなお話が書ける」と考えるのです。

　自分のすぐれた点をのばしましょう。体そうが得意なら、平均台や鉄ぼうの練習にはげんでください。世の中には運動選手やすぐれた体育の先生が必要ですから。図工が得意なら、たくさんスケッチをし、いっしょうけんめい絵をかくことです。画家や芸術家も必要です。自分の得意なことを思い出し、自尊心

6. きみにできること　　**45**

を高めていきましょう。

　自分の長所（ちょうしょ）がまだわからない人は、どうすればいいかな？
次（つぎ）に、きみにもできることをいくつかあげてみます。

○ 親はほかのだれよりも、きみのことをよく知っています。お父さん・お母さんにきみのよいところを聞いてみましょう。

○ ほかの人からほめられたら、そのことばを思い出すようにします。

○ 自分が楽しめそうな、新しいことにちょうせんしましょう。これは自分のことを知るチャンスになります。

○ これまでの成績表（せいせきひょう）をお父さん・お母さんといっしょに見て、先生が書いてくれた、きみのすぐれたところを たしかめましょう。

○ ソーシャル・ワーカーや、心理士（しんりし）や精神科（せいしんか）の先生たちの力をかります。こうした専門家（せんもんか）は、きみが長所（ちょうしょ）をみつけ、自分を好（す）きになるのを手伝ってくれます。

「つまらない」と言わないで

　LDの子どものなかには、言いわけをさがしては、むずかしそうなことから にげようとする子がいます。「おもしろくない」「つまらない」と言うのが口ぐせです。つまらないと思うときは、たいてい、そう感じるだけの理由があります。むずかしいことは、おもしろそうじゃないんです。むずかしくなると、続ける気力がなくなって、「つまらない、たいくつだ」と感じます。どんなことでも、やり方がわかってくると、たいくつではなくなってくるものです。

　勉強がむずかしいと、とちゅうでやめたくなって、つい好きなことをして遊んだり、テレビを見たりしてしまうよね。すると、親や先生や友だちから、なまけ者だと思われてしまうでしょう。でも、**LDだからといって、なまけ者ではないのです。**

宿題でも授業中の学習でも、やさしければ、さっさと終わらせて、次にもっと楽しいことができるはずです。

必要な助けが得られれば、勉強がつまらなくなくなり、もう、なまけ者なんて言われなくなります。

あきらめずに続けよう

山を登りはじめたときは、上を見て、これから先に続く、けわしくて長い道のことを考えるでしょう。でも、自分はぜったいに登りきれると信じて、一歩一歩進み、あきらめなければ、頂上にたどりつくことができます。登山と同じで、**続ける気持ちがあれば、必ず目的地にたどりつけます。**

LDだから宿題を減らしてもらうおうとするのではなく、先生に「これがわからないので、もう一度、ちがう方法で説明してくれませんか」とか、親に「ちょっと教えてほしいの」と言うようにしましょう。そうやって続けていくのです。必要なら、何度でも助けを求めてください。たっぷり時間をかけ、とちゅうであきらめなければ、どんなにむずかしく思える教科も、ふつうはわかるようになるはずです。

失敗から学ぼう

　ある6年生が社会科の長いテストのために、学習カードを作ってしっかり勉強したのに、ひどく悪い点しかとれませんでした。そのとき「もうあんな勉強はしない！」と投げ出すかわ

りに、個別指導の先生と話し合いました。先生はこの子が一度に多くのことを覚えようとしていることと、いつも夜になるまで勉強を始めないことに気がつきました。失敗の原因がわかったので、先生といっしょに、もっとじょうずに勉強するための計画を立てました。

　ためしたやり方がうまくいけば、続けましょう。うまくいかなければ、きみに合っていないのかもしれません。また、ある方法をやめてしまう前に、なぜうまくいかなかったのか考えてみましょう。失敗から学べることは、たくさんあります。

目標を決めよう

　目標とは、やりとげたいと望むもののことです。目標を決めれば、自分が何を求めているのか、はっきりします。先生や親といっしょに、きみにとって何がたいせつな目標か話し合い、達成できそうな目標を決めるのを助けてもらいましょう。やさしい目標のほうがいいですね。自分自身の成長をめざし、クラスのほかの子と比べないことが大事です。きみの進歩が、成功の「ものさし」になるのです。

自分をはげまそう

　何かが進歩したと思えたら、自分をほめることも忘れずに！自分自身に「よくやった」と言ってみます。そして、きみのたいせつな人に、そのことを伝えましょう。たとえば、「宿題、だれにも助けてもらわずにできたよ！」とか「算数のテスト、この前よりよくできたんだ」と伝えるのです。進歩したことを見せるときは、結果が完ぺきでなくてもかまいません。満点でなくたって、いいのです。このことは、よく覚えていてください。

7☆ 学校生活を過ごしやすくするには

助けてくれる人をみつけよう

　学校での一日がこんなふうに始まったとしたら、どうでしょう？　前の日に書き取りの宿題をやったのに、そのプリントをうっかりお姉さんのかばんに入れてしまい、そのまま登校してきてしまった。お姉さんは別の学校に行っているし、先生はきみの言うことを信じてくれない。また、きみの弟がお母さんにたのまれ、教室までやって来て、「遠足のもうしこみ書、先生に渡すの忘れちゃだめだよー」って大声で言った……！

こんなことがあったら、はずかしいよね？

　そんなとき、腹いせにランドセルをなぐるかわりに、相談にのってくれる先生に話してみましょう。学校生活で困ったときにアドバイスをくれたり、トラブルの多い日をきりぬける助けをしてくれたりする大人が、学校にひとりでもいれば、過ごしやすくなるはずです。学校で長い時間きみと接している**担任の先生**が、いちばんの協力者かもしれません。あるいは、学校でのトラブルを解決するために、特別なトレーニングをつんだ**スクール・カウンセラーの先生**がいるかもしれません。体育や図工など、**実技教科の先生**のほうが相談しやすいこともありますね。

　困ったことがあれば「いつだって解決してもらえる」と、期待してはいけません。でも、助けが必要なとき、だれに相談すればよいのか知っていれば、ずいぶん過ごしやすくなります。

7. 学校生活を過ごしやすくするには

教育的配慮

　きみがどんな LD なのか、きみ自身も先生もはっきりわかっているなら、どこをどう変えれば学習がうまくいくか、先生と話し合うことができます。子どもが学びやすいよう、先生たちが特別に何かしてくれることを、**教育的配慮**とよびます。

　LD の子どもの多くは、学校での大半の時間を通常学級で過ごしていますが、クラスメイトのほとんどは LD ではありません。でも、担任の先生はたいてい、子どもにはそれぞれちがった学び方があることを わかってくれます。やり方をちょっと変えるだけで、ずっとよく学べることを知っています。そのため、こうした教育的配慮は大きな助けになります。字を学ぶときに、ほかの子とは ちがう練習帳を用意してもらえるかもしれません。算数では、最初のうちは偶数の問題だけにするとか、文章を書くときに コンピュータを使わせてくれることもあります。

　きみがゆっくりペースでやる子なら、テストのとき、時間を長くしてもらえるかもしれません。もっとたくさん時間がもらえれば、うまく答えが出せるからです。**テスト時間の延長**も、教育的配慮のひとつです。

自分に合ったやり方をみつけよう

　先生に特別な配慮をしてもらう前に、自分の学習で得意なところと苦手なところを知っておくと役に立ちます。苦手なところがわかれば、それをおぎなうような取り組みをします。

　たとえば、覚えるのが得意でないなら、前もって先生に、**テストのための練習問題**をもらえるよう、たのんでおきます。そうすればテストがあると知ったとき、すぐに準備が始められます。また、耳で聞いたほうが覚えやすいなら、テスト前の「まとめの授業」を録音させてほしい、とたのんでみましょう。そうすれば、自分の得意なやり方を生かし、録音したものを使って家で勉強できます。

　きみの得意なことと苦手なことを書いた表を作るのも役立ちます。1枚の大きな紙やコンピュータの画面に、自分がうまくできるところを書いていきます。成績のよい科目や、いちばん学びやすい方法も書きこみます。苦手なところには、むずかしい科目をリストし、なぜ学習がしにくいのか理由を書いておきましょう。次のページの表を参考にして、きみも作ってみたら、どうだろう？

　自分で書きこんだら、きみを助けてくれる親や先生（担任や特別支援学級の先生、スクール・カウンセラー）たちが、ほかに必要なことを書き加えてくれるでしょう。

　表ができたら、きみがどうやって学んでいたのか、はっきり

自分の学習のとくちょう

😊 得意なこと

科目
___

覚えやすい方法（例：耳で聞く、書く、図や絵にする、など）
___

学んだことをたしかめるときの、自分に合った方法
（例：口頭で答える、書く、図や絵にする、答えを録音する、など）
___

ひとりで何かに取り組むときの、やりやすい方法
（例：長い課題はいくつかの部分に分けて進める、なれている自分のコンピュータを使う、など）
___

☹ 苦手なこと

助けがほしい科目
___

学校でむずかしいと思うこと
___

やりとげるのに時間が多めに必要なこと
（例：書く、読む、計算する、社会科の学習など）
___

ほかに、自分の勉強のやり方で先生に知っておいてもらいたいこと
___

見えてきます。できた表を見れば、**自分のことを「個性的でおもしろい子」**って思うのではないかな？

自分のことを話そう

　きみが求めていることを、ほかの人に知ってもらうのは重要です。どんな方法がきみによく合っているのか、たいていは自分でわかっているでしょう。それをまわりの人たちにも知ってもらうのです。ここでは、学校や家の人に話しておくといいことの例をあげます。

○ 算数の宿題をすませるのに、**毎晩おそくまで時間がかかるなら、先生に話してみましょう**。宿題の量を減らしてくれるかもしれません。

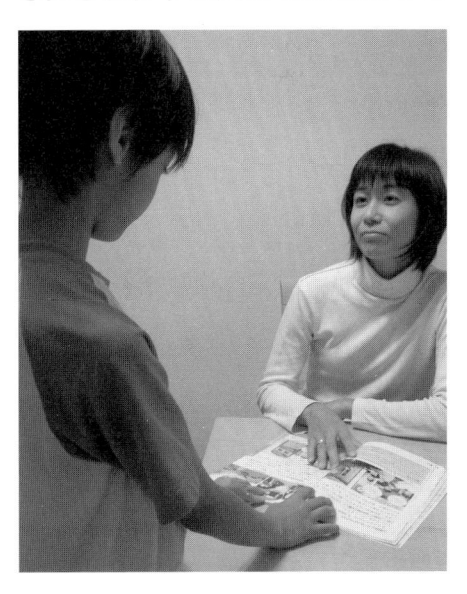

○ 学校で配られるプリントなどが整理しやすいよう、どんなタイプのファイルが使いやすいか、お父さん・お母さんに伝えましょう。

○ サッカーのコーチには、試合中どういう状態なら、みんなと仲よくプレイができるのか、説明しておきます。コーチの特

別な注意や助けがほしいときに使える合図を、いっしょに考えてもらってもいいですね。

○ 友だちには、どうすれば気持ちよくいっしょに遊べるか話しておきます。たとえば、順番や交替のし方をあらかじめ決めておく、など。

まわりの人に時間のゆとりがあり、聞いてもらえそうなときに、こういう話をしましょう。言いたいことは前もって整理しておきます。もんくを言うのではなく、何が必要なのか説明します。また、その人にできることだけをたのみます。（だから、担任の先生に「5年生のあいだは、宿題を全部なくしてください」なんて言わないようにね！）相手の返事やアドバイスは、よく注意して聞きましょう。

特別支援学級

きみの苦手なことは、担任以外の先生からも、通常のクラスや別の教室で助けてもらえます。この先生は、1週間に30分から1日に2～3時間、ひとりずつか少ない人数の子どもの勉強をみてくれます。苦手なところを重点的に教えてくれる先生がいれば、授業の多くを**特別支援学級**や**特別支援教室**で受けることもできます。こういう場合は、ほとんどの教科をそこで勉強し、それ以外の教科を**通常学級**で受けます。たとえば算数と体育だけは通常学級で授業を受ける、というふうにします。

助けてくれるほかの人たち

　学校でも学校以外のところでも、いろいろな人に手伝ってもらえればいいですね。授業中や放課後には、**学習支援の先生**から教わることができます。こうした先生は、きみのことがよくわかってくれば、学力アップの強い味方になってくれるでしょう。先生は、きみがいちばん困っている科目を助けてくれるはずです。どうやって勉強すればよくわかるようになり、学校でちゃんとやっていけるようになるのか、ていねいに教えてくれます。

　言語療法士は、ことばをはっきりと発音する方法や、考えていることを文章にするコツを教えてくれる人です。また、人の話の聞き方や、理解の深め方、ことばの使い方なども指導してくれます。

　作業療法士は、指や腕や、からだ全体をうまく使ってスムーズな活動ができるよう、助けてくれます。

8☆
学校以外の場で楽しむために

いごこちのよい家

　長いあいだ教室にすわって先生の話を聞き、たくさん勉強しなくてはならない学校が終わったあと、くつろいで楽しめる場所に帰って来ると、ほっとしますよね。

自分の家で快適に過ごすためのヒントを、次にいくつかあげてみます。

○ 毎日どのくらいの**自由**時間をとってよいか、あらかじめ、お父さん・お母さんと決めておきます。一日のうち、なんとなく外でぶらぶらしたり、好きなことをしたりする時間はどんな人にも必要です。そのかわり、いったん宿題を始めたら、最後まで終わらせる、という約束は守りましょう。

○ 毎晩、家の中が**静か**になるのはいつでしょう。一日のうちでテレビを消す時間を決めておき、家族が静かに自分のことに集中する時間をつくっている家庭もあります。こうすれば、宿題を終わらせやすくなりますね。

○ 午後か夜のどこかで、ほかの人に**学習を助けて**もらう時間を決めておきましょう。解けなくて困っていた問題や宿題は、この時間に、みてもらいます。また、何日もかかる大きな課題があるなら、このときに少しずつ助けてもらって進めます。運よく宿題がすんでいたら、家の人とほかのことをするためにこの時間を使ってもいいですね。たとえばいっしょに本を読む、パズルにちょうせんする、プラモデルを作るといったことです。

○ きみに用事をたのむときは、口で言うだけでなく**紙に書いて**もらうようにします。そうすれば、少し忘れてしまっても困ることがないし、お父さん・お母さんも言いつけが無視されたと思って、腹を立てることがなくなるでしょう。

○ お父さん・お母さんには、「学校の先生と話し合ってもらいたいのはどんなときか」伝えておきます。また、問題を**自分自身**で解決できるときは、そう伝えます。なっとくのいかな

8. 学校以外の場で楽しむために

い成績をもらったら、親から先生に話してもらうのか、自分で先生に話すつもりなのか、はっきりさせます。休み時間にきみを困らせる子がいたら、大人の助けをかりなくても、自分でその問題を解決できるかな？ 必要なときに助けやアドバスを求めるのは大事なことですが、自立した人間になるには、困ったときにひとりで解決する方法をみつけることも、忘れないでおきましょう。

○ きょうだいと自分を比べない。きょうだいには簡単にできても、きみには「むずかしい」と思うことがあるでしょう。でも、きみのほうがじょうずなことだって、きっとあるはず。それがなんであっても、成長するにつれ、得意なものはますますじょうずになっていきます。得意なことと苦手なことがあるのは当たり前。それらをみんなふくめて、きみは特別な人間なんだってこと、いつも忘れないでね！

ずっと友だちでいるために

　LDのために、なかなか友だちと仲よくなれないことがあります。きみは、人の言ったことばに傷つきやすいかもしれません。クラスメイトや近所の子にからかわれ、どうしていいかわからないときもあるでしょう。また、表情やことばだけでは、人がどう思っているのかわからない、と思うかもしれません。もしも、言われたことを聞きとって理解するのが困難なら、きみはルールのあるゲームが苦手かもしれないね。そうすると、友だちをみつけて仲よくしていくのが むずかしくなります。でも、**よい友だちになるために、きみにできることも**あります。次のことを、いくつかためしてみませんか？

8. 学校以外の場で楽しむために

○ 自分と同じことに興味(きょうみ)がある人をさがしましょう。そうすれば、いっしょにやって楽しめるものがたくさんみつかります。

○ 友だちになりたいと思う子をみつけます。それから、１時間くらいいっしょにできることを計画します。これがうまくいったら、ふたりでいる時間をちょっとずつ長くしていきましょう。ゆっくりでいいのです。

○ 人の表情(ひょうじょう)を読むことを学ぼう。きみが何か言ったりやったりしたとき、人がどういう顔をするのか注意(ちゅうい)していましょう。表情を見ていれば、自分がまちがえたときはすぐ直せるし、必要(ひつよう)なら「ごめんなさい」と言うことだってできます。

○ 話しかけられたら、人のことばをよく聞きましょう。言われたことがわからなければ、別(べつ)の言い方で説明(せつめい)してほしいと、おだやかにたのみます。

○ **順番を守る**。ほかにも、友だちと何をするのか、ゲームをするときはだれが先にやるのか、だれが後片づけをするのかなど、みんなで決めたことを守ります。

○ からかわれたときに、**うまく説明ができるよう練習しておく**。たとえば、「ぼくはこれから自習室に行って、静かなところで先生に手伝ってもらいながら勉強するんだ」と、おちついて話します。自分がLDだということを短いことばで伝えられるよう、説明を覚えておくのもいいですね。たとえば、「LDの子は頭が悪いんじゃない。でも、人とちがったやり方で覚えなければならない科目があるんだ。LDはめずらしくないし、ぼくと同じような子は何百万人もいるよ」というふうに。どう伝えればよいか、親や先生たちにアドバイスをもらいましょう。そうすれば、人にきかれたって、LDのことをきちんと説明できます。

○ LDだというのは、メガネをかけていたり、背が低かったり、そばかすがあったりするのと同じようなことで、きみが「そういう人間なんだ」っていうのを覚えておこうね。自分に自信がもてない子は、からかわれやすいのです。だから、まず自分をよく知り、自分のことを好きになろう！ 自分が好きな人は、ほかの人からも好かれるでしょう。

カウンセラーの助け

　ときには学校以外で、専門のカウンセラーや療法士に相談するのも助けになります。カウンセラーは「感情のお医者さん」だと思ってください。きみのなやみや困っていることを聞いてくれる人たちです。そのあと、どこをどう変えたらいいかアドバイスしてくれるはずです。お医者さんに相談するときは、ひとりでも、家族といっしょに行ってもかまいません。

　カウンセラーに会ったら、ただ話すだけではなく、問題を解決する方法を教えてもらい、じっさいにやってみてもよいでしょう。また、自分の気持ちを表現するために絵をかいたり遊んだりもします。カウンセリングを受けることは、自信をもち、自分をもっとよくするための、新しい方法を知るきっかけになります。

9☆ コンピュータを使う

　コンピュータはLDの子どもには強い味方です。作文・漢字・読み・計算などの力をつけるときに役立ちます。また、自分の考えをまとめるときにも使えます。そしてもちろん、コンピュータを使うのは楽しくて、おもしろい！

　使ったことがある人ならわかりますが、**コンピュータはけっして腹を立てたり、いらいらしたりしません**。同じことを何度もくりかえし練習させてくれます。ゲームでも学習プログラムでも、やりたくないところをとばして、別のところに進むこともできます。いつスタートし、いつやめるかを決めるのはきみです。コンピュータのもうひとつのよい点は、時間制限をせず、成績をつけないことです（そうなっているプログラムのときはちがいますが）。

　さらによいのは、コンピュータで勉強してノートを作れば、読みやすく、きれいなものができることです！　しかも、何度でも見直せるし、飼っている犬にページをかみちぎられても、同じものがすぐにプリントできます。

キーボード

　キーボードを見なくても、文字や数字のキーがどこにあるのかわかれば、コンピュータを使うのがずっとラクになります。宿題をコンピュータでやりたいなら、キーボードの正しい使い方を知っておくと便利です。とくに、字を書くのが苦手な人は、文字が印刷できるコンピュータがあれば助かりますね。

　ほとんどの子どもはすぐにキーボードの使い方になれ、手書きのときの2倍の速さで文章が書けるようになります。キーボードは自分のペースで使えばいいし、手で書くときのようにつかれません。

画面にあらわれる文字の書体は、**フォント**とよばれます。フォントをえらべば、自分が読みやすい字に変えられます。大きくて、くっきりした文字がいいなら、きみの使うコンピュータをそのフォントに設定しておきます。

　コンピュータ上で、キーボードの使い方を学べるプログラムもあります（こうしたプログラムを「**ソフト**」とよぶこともあります）。けれども使い方を覚えるには、根気よく計画的に練習する必要があります。たとえば、週に3日、最低15分ずつはキーボードを使う、というふうに続けるといいでしょう。たくさん練習すればするほど、じょうずに、速くキーボードが使えるようになるはずです！

ワープロ機能

　コンピュータのワープロの機能を利用すると、自分が書いた字のまちがいを直してもらうことだって、できます。キーをひとつ押すだけで、まちがいが直せます。コンピュータで、**つづりや文法**（ことばの使い方）のまちがいが直せるのです。作文を書く前に、頭にうかぶアイデアを整理し、**あらすじを作る**ときにも便利です。コンピュータを使ってやった宿題は、きれいで読みやすいから、気分がよくなります。先生もきみの努力に感心するでしょう。つまり、みんながハッピーになるのです！

そのほかのソフト

　教科の学習ソフトがあれば、ひとりでも自分のペースで勉強ができます。必要なだけ時間をかけて、しっかり覚えてから、次に進むとよいでしょう。

　スケジュール管理プログラム[注1]では、カレンダーの日にちの欄に、きみの予定を入力しておき、その内容を表示する日時をあらかじめ指定しておけば、コンピュータが教えてくれて、思い出せます。たとえば、行事や活動、課題とそのしめきり日など、「とき」「ところ」「会う人の名前」「やること」「用意するもの」といった情報を前もって入力し、それを2日前に知らせてもら

えるように設定しておけば、忘れることもなくなるし、あわてずに準備ができます。

　考えを整理するときのマップを作るのに便利なソフトもあります。このマップを利用して、あらすじも作れます。こうしたテクニックを使えば、まとまった文章が書きやすくなるでしょう（マップについては、79ページの例を見てね）。

　単語予測プログラムは、携帯電話のメール用でもっともよく使われています。文章作成ソフトのワープロ機能や かな漢字変換ソフトに ふくまれているものもあります。単語のはじめの文字をいくつか入力するだけで、「候補」になることばが画面に出るので、打ちまちがいが少なくなり、書くのが速くなります。

　たとえば、「コン」と打ったとき、その電話やコンピュータでよく使われている「コン」で始まることばを自動的に選んで「コンピュータ」「コンサート」「コンビニ」などのことばを表示してくれるので、その中から選べます。

　学校や家にあるソフトで、計算や読み書きの学習や、考えをまとめるのに役立つソフトがないか、さがしてみましょう。もしあるならば、使い方を覚えて、どんどん活用しましょう！

注1　たとえば、Microsoft 社のメール用ソフト "Outlook Express" にスケジュール管理機能があります。

注2　たとえば、Microsoft 社のプレゼンテーション用ソフト "Power Point" では、学習や仕事の流れを図式化（フロー・チャート化を含む）しやすいように作られています。

注3　たとえば、Microsoft 社の文章作成用ソフト "Microsoft Word" に、この単語予測機能が備わっています。かな漢字変換ソフトでは、ジャストシステムの ATOK にこの機能があります。

ほかの便利なハイテク機能

　書くのもキーボードを打つのもむずかしいというときには、**音声認識**プログラムがあれば、話し声を聞きとり、きみが言ったとおりに、ことばを表示してくれます。英語のプログラムはすでにありますが、日本語用のものは開発中とのことで、2008年秋ごろにソフトとして発売されるかもしれません。

　単語認識機能は、スキャナーや複合プリンターの付属ソフト[注4]としてついていることがあります。印刷されている長い文章をコピーしたり、その文章を変えたりしたいときに便利です。

　自分でキーボードを打って入力するかわりに、スキャナーを使って文章を写しとり、コンピュータに読みこませます。コンピュータが読みこんだ文章は、文章作成ソフトを使って、ことばや文章を新たに加えたり けずったりすることができます。

　単語認識再生ソフトは、日本語ではおもに再生中心で、**音声読み上げソフト**[注5]ともよばれます。印刷された文章をスキャナーで写しとる機能と、それを音声として再生してくれる機能があります。再生とは、コンピュータが文章を読んでくれることです。きみはそれを聞き、画面を見ながら文字をたどることができます。読んでくれている部分に色がついて、どこを読んでいるのか わかるようになっていることもあります。目の不自由な人たちにも使われているソフトです。

ノートパソコン

　このごろは、会議室や車や飛行機の中で、大人がノートパソコンを使っているのをよく見るようになりました。ノートパソコンは仕事場だけでなく、学校でも（小学校から大学まで）使われています。持ち運びができ、いろんな場所で使えるため、たいへん便利です。テストの答えをキーボードで打ったり、ノートパソコンで作文を書いたりするのを みとめてくれる先生もいます。必要なら、パソコンを使わせてもらいましょう。

注4　エー・アイ・ソフト社の"読ん de!! ココ"というソフトがよく知られています。スキャナーや複合プリンターに付属のソフト"読ん de!! ココ・パーソナル"もあります。
注5　音声読み上げソフトは、ネットでさがすといくつか出てきますが、日本ではまだポピュラーではないようです。

10 ☆ さまざまな学び方
自分に合ったやり方がみつかるヒント集

　ここからは、きみのやりやすい方法がさがせるヒント集になっています。自分に合ったやり方がみつかるといいね!

　きみがLDだとしても、かしこくて能力があるんだから、自分のためにできることはたくさんあります。ここでは、学校の勉強や宿題がやりやすくなるようなアイデアをしょうかいします。ひとりでやれることがほとんどですが、なかにはお父さん・お母さん、先生たちの助けがないとできないこともあります。学び方は ほかにもあるし、自分で何かアイデアを思いついたら、ためしてみましょう。

　ここでは、いろんなアイデアを分野ごとに集めているので、自分に合っていて 役に立ちそうなやり方を見つけたら、始めてみましょう。また、しばらくしてから、もう一度このリストを見てみましょう。時間がたてば、学ぶのに必要なことが変わっていることもあります。

読み

新しいことばを学ぶ

本を読んでいて、知らないことばが出てきたときは、ここにあげる方法が使えないか考えてみてください。

○ ひとつくらい意味のわからないことばがあっても、まずはその段落の文章を読んでみましょう。知らないと思っていたことばも、全体から意味の見当がつくかもしれません。

例：さるはエクスムレグスの皮をていねいにむき、ぱくりと食べてしまいました。

「エクスムレグス」は想像上のことば。いままで聞いたことはなかったかもしれませんが、この文を読めば、果物の一種だとわかりますね！

○ 英語では、単語の前や後にことばがつくことで、反対の意味や別の意味の単語になるものがあります。
　　例： lucky ⟷ unlucky （運がいい ⟷ 運がわるい）
　　　　use（使う）　reuse（再利用）　useful（役立つ）

○ 「複合語」とは、ふたつ以上の短い単語からなることばです。ちょっと見ただけでは習っていない新しいことばに思えますが、じっさいにはすでに知っているふたつの単語の組み合わせになっていることがあります。
　　例： head/light (headlight ヘッドライト)
　　　　water/fall (waterfall 滝) water/melon (watermelon スイカ)

読んだことを理解する

○ 読む課題をもらったら、まずわからないことばがないか、さがしてみましょう。それから、辞書で、あるいはだれかに聞いて、ことばの意味を調べます。紙に新しいことばや意味を書き、目の前に置いておきます。こうしておけば、読みながら何度も見ることができます。読んでいるとちゅうで辞書をひくより、このほうが簡単です。

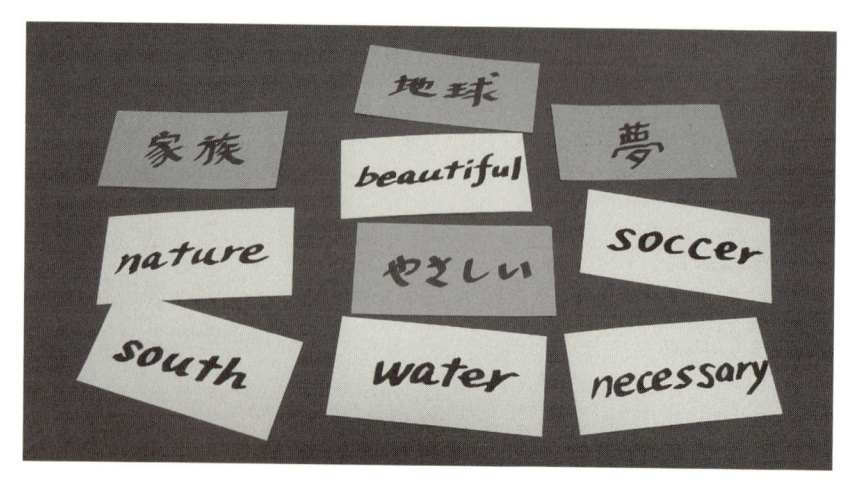

○ 暗記用のカードを作る。片面に単語を書き、その裏に意味を書きます。こうしたカードを箱にまとめて入れておき、すっかり覚えてしまうまで、くりかえし使いましょう。

○ 読みはじめる前に、目的をはっきりさせます。楽しむための読書と、何かを知るための読書とでは、読み方がちがってきます。

○ まとまった文章を読んで質問に答える「読解力のテスト」というのがあります。こういうテストでは、先に質問を読んでおけば、答えるのに必要なことが書いてあるところを読むときも、心の準備ができています。読むときは質問のプリントとえんぴつをそばに置き、答えがみつかったら、すぐに解答を書くか、プリントにしるしをつけておきましょう。

○ 「自分に教えるように読むこと」。文章を読みながら、それが何を伝えようとしているのか、はっきりさせます。そのページでいちばん重要だと思ったことをメモしておくか、録音します。こうすれば、読み終えたときに、よいまとめができているでしょう。

○ 本に書きこんでもいいなら、大事だと思う文章にしるしをつけます。わからなかった文の前にも、自分で決めておいたしるし（☆や？）をつけ、読み終わってから、ほかの人に説明してもらいましょう。

○ 読書中は、読んでいることがちゃんとわかっているか、自分に問いかけるくせをつけるといいね。わからなければ、もう一度同じところを読み返します。それでもまだ意味があやふやなら、教えてもらいましょう。

○ 苦手な内容のときは、同じ部分を２回以上読むことを習慣にします。１回だけのときより、よくわかるはずです。

○ 物語を読むときは、「しおり」として大きなカードを使います。覚えておきたいこと（登場人物の名前や家族関係など）をそのカードにメモしていきます。

○ 何かについて長い説明があるときは、説明されているものの絵をかいてみれば、イメージしやすくなります。たとえば、登場人物の顔や姿、家のようす、家系図などです。

○ 字の大きな本や、音読されたカセットテープまたはCDつきの本を利用する。目でページを追いながら聞くと、理解しやすくなります。一度にふたつ以上の感覚（見る、聞く、さわるなど）を使うと、ほとんどの子は覚えるのがやさしくなるようです。

○ くりかえし練習しましょう！　読めば読むほど、新しいことばをたくさん覚え、読むのがラクになります。すこしやさしい本から始めて、まずは自信をつけ、それからいろんな本にちょうせんするといいでしょう。

○ 興味があることについて書いてある本を読もう。野球の本、おしゃれのアドバイス、推理小説など、ほんとうに好きなテーマのものを選べば、あきることがなく、ねばり強く読書できます。

書く

○ 書きたいことがあっても、どうまとめていいかわからないときは、頭の中にあるアイデアをノートに書きつけるか、録音しましょう。あとでアイデアを整理し、文章にして書いていくのです。

○ まとまった文章を書く前に、「マップ」を作ろう（マップは英語で「地図」という意味）。頭にうかんだアイデアを書き、それがどう続き、どうつながっていくのかを示す、地図のようなものを作ります。これなら、はじめから長い文章を書かなくていいので、それほど苦労しないでしょう。マップ作りはアイデアをメモしておくのが目的なので、きちんとした文章にしなくてもかまいません。このマップを見れば、まとまった文章が書きやすくなるでしょう。

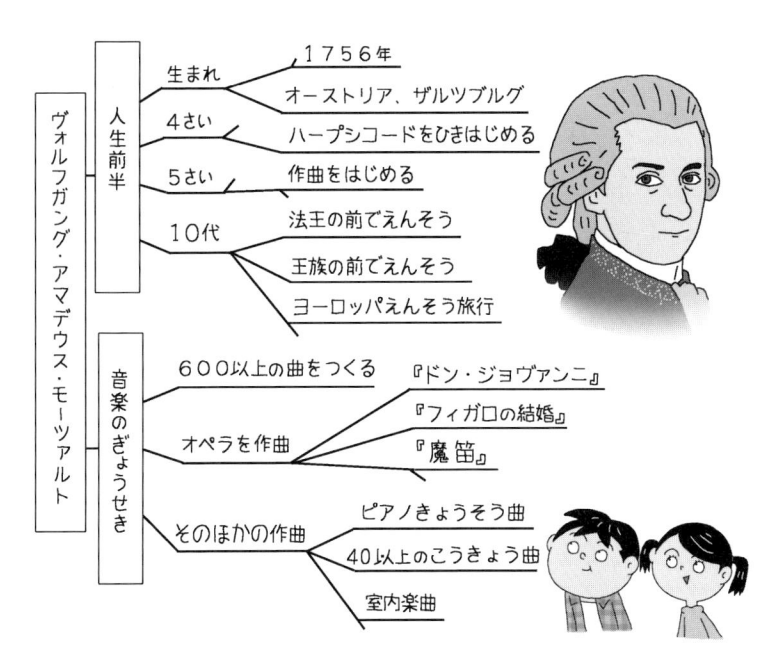

ヴォルフガング・アマデウス・モーツァルト

人生前半
- 生まれ
  - 1756年
  - オーストリア、ザルツブルグ
- 4さい ハープシコードをひきはじめる
- 5さい 作曲をはじめる
- 10代
  - 法王の前でえんそう
  - 王族の前でえんそう
  - ヨーロッパえんそう旅行

音楽のぎょうせき
- 600以上の曲をつくる
- オペラを作曲
  - 『ドン・ジョヴァンニ』
  - 『フィガロの結婚』
  - 『魔笛』
- そのほかの作曲
  - ピアノきょうそう曲
  - 40以上のこうきょう曲
  - 室内楽曲

10. さまざまな学び方

○ どの段落にも、伝えたいことをひとつ入れ、それをくわしく説明するために、文章を加えていきます。さし絵のマップを使って書くと、こんなふうになります。

> 音楽の天才、ヴォルフガング・アマデウス・モーツァルトは1756年にオーストリアのザルツブルクで生まれました。モーツァルトは小さいころから、音楽の才能にめぐまれていました。4歳のときにハープシコードのひき方を習い、5歳で作曲を始めます。おさないモーツァルトはヨーロッパ旅行をしながら、ローマ法王や各国の王様の前で演奏しました。かれの音楽を聞いた人は、若い天才の演奏に感心しました。

○ じっさいに作文や段落を書く前に、あらすじ（アウトライン）を作っておけば、書くことが整理できます。

○ 授業中にノートに書くのが苦手な人は、あらかじめ先生に相談しておきましょう。クラスの友だちにノートをとっておいてもらい、先生がその子のノートをコピーしてくれるなら、家に持ち帰って、ゆっくり写せます。

話す

○ 先生の指示を聞きとるのが苦手な人は、言われたことを始める前に、クラスの友だちに、もう一度、説明してもらえるようたのんでおきましょう。

○ できれば、指示を書いた紙を先生からもらうことにします。

○ 先生やほかの人に伝えたいことがあれば、話しながら忘れてしまわないよう、言いたいことを紙に書いておきます。ノートでもいいし、「ふせん」に書いて、いつも使っているノートや本にはっておいてもいいでしょう。

○ 何か説明したいときは、その内容を頭の中で（絵のように）イメージしましょう。きみはそのイメージを思い出しながら、話すのです。

○ はじめに話したいテーマを伝える（たとえば、野球の試合のこと、友だちが足の骨を折ったこと、など）。そうすれば、言いたいことが自然につながっていきます。

算数・数学

○ 算数や数学で例題を写すときは、たてとよこに線の入ったグラフ用紙を使い、数字がまっすぐ列に並ぶよう注意します。マス目ひとつに数字をひとつずつ書くといいでしょう。

○ けい線のある紙をよこに折って、折り目をつけ、計算式が列にきちんとおさまるように書きます。

○ 1ページに計算がたくさん書いてあるときは、新しい紙（ページ）を使い、大きくゆったりと、まちがえないよう書き直します。

○ かけ算の九九や数式が覚えられないときは、音楽に合わせて覚えるようにします。歌にして自分で録音するか、音楽を使って算数のきまりや数式が学べるようになった市販のテープや

CDを買ってもらってもいいでしょう。

○ 九九などは一度にたくさん覚えようとせず、1週間にひとつの段だけ覚えるようにします。たとえばこんなふうに。

$$\underline{\times 1}^{3} \quad \underline{\times 2}^{3} \quad \underline{\times 3}^{3} \quad \underline{\times 4}^{3} \quad \underline{\times 5}^{3} \quad \underline{\times 6}^{3} \quad \underline{\times 7}^{3} \quad \text{…など}$$

この段だけに集中し、しっかりマスターしてから、次に進みましょう。

○ 問題を解き終えたら、答えが正しいかどうか計算機でたしかめます。

○ 算数や数学で使われることばがわかりにくいときは、文章題の問いになっているキーワードに線を引き、目立つようにします（例：合計いくらでしょう）。じっさいに問題を解く前に、答えがどのくらいになるか見当をつけます。問題をくりかえし読むか、声に出して読みましょう。こうすると、何をすればよいのか、はっきりわかるようになります。

宿題

きみが学校から帰ってきてやるのは、もちろん宿題だけではありません。でも、宿題は必ずやらなければなりません。「宿題」と聞いただけで、にげたくならないように、次のアイデアをいくつかためしてみましょう。

○ 宿題があっても、何をすればいいのかわからないなら、家の人かクラスの友だちに助けてもらい、やることをはっきりさせてから始めます。友だちに直接きいてもいいし、電話で教えてもらってもいいでしょう。

○ 学校から帰ってきたら、夕方から夜までどう過ごすか決めましょう。紙に書いたほうが、はっきりします。これで、夕方まで自由に使える時間がどれくらいあるのか、わかります。

スケジュール表
4:00 おやつ／自由時間
4:15 書き方
5:15 算数のプリント
5:45 ピアノの練習
6:00 夕食
7:00 読書・レポート
8:00 テレビ

○ 家に帰って、すぐに宿題にとりかかるのもいいですね。「学校気分」がぬけないうちに、早く終わらせてしまうのです。もちろん、学校で長い時間、勉強してきたのだから、まずはのんびりと好きなことをし、それから宿題を始めてもいい。どちらがうまくいくか、両方ともやってみてください。

○ 宿題のために夜おそくまで起きていなくていいよう、少しでも夕食前に終わらせておくくせ（習慣）をつけましょう。

10. さまざまな学び方

○ むずかしい課題はいっぺんにやらず、全体を2つか3つに分けてやります。ひとつ終わるごとに短い休けいをとり、それから次の部分に取り組みます。

○ 家では、気がちらない場所で宿題をします。テレビや電話の音が聞こえにくいところとか、小さな弟や妹からはなれたところでやります。雑音が気にならないよう、静かな音楽を聞きながら勉強する人もいますよ。

○ 放課後も学童保育などに通っている人は、そこで少しでも宿題を終えておきます。自宅よりさわがしいことがあるので、やさしそうなものをやりましょう。

○ 家庭教師がいるなら、むずかしい宿題を手伝ってもらえるでしょう。課題で何をするのかわからないときは、まずその説明をしてもらいます。

○ 宿題がひとつ終わったら、自分に小さなごほうびをあげよう！ 算数が終わったら冷たいジュースやお茶を飲む、というふうに。毎晩、決めておいた時間までに宿題がすめば、もっと大きなごほうびを考えてもいいでしょう。

○ 宿題をすませるのに、毎晩とてもおそくなるのなら、担任の先生に相談します。LDの子にはきつい宿題なら、たいていの先生は量を減らすなどして、協力してくれるはずです。

○ 何日もかかる課題や、テストのための勉強も、宿題と同じだと考えます。家の人に「きょうは宿題がないよ」と言うとき、ほんとうにやることがないのか、もう一度よく考えてたしかめましょう。

テスト

テストのための勉強

○ 授業中にノートをとるときは、ページの半分だけに書くようにします。残りの半分は、テスト勉強のとき、「まとめ」を書くスペースとしてとっておきます。こうすれば、あとから授業のノートを見るときもテスト勉強のときも、同じページが使えます。

○ 暗記カードを作る。覚えておきたい単語、九九の答え、社会で習ったことなどを表に書きます。裏にはことばの意味や答えを書きます。このようにカードの表と裏を使えば、正しく答えられるようになるまで、自分で練習できます。

○ 覚えようとしていることをキーボードで打ってみたり、手で書いたりします。書くときは、声に出して言ってみましょう。覚えたいことを録音し、くりかえし聞くのもよい方法です。

○ 文章の全部ではなく、重要なことばだけを選んで覚えます。
　　　例：米　生産量　中国

○ 覚えたいことがらの最初の文字だけをあわせて、ことばを作ってみましょう。これは記憶術のひとつです。たとえばこんなふうに。先生が「算数と国語と社会の教科書を持ってくるように」と言ったときは、「さん・こく・しゃ」と覚えておくのです。

○ できれば、勉強した内容を「絵」としてイメージできるようにしておきます。そうすれば、思い出したいときに、頭の中の絵が手がかりになるでしょう。
　　　例：海王星は、太陽からもっとも遠くにある惑星です。

○ つづりを覚えるときは、いろんな材料で書いてみましょう。シャンプーのあわや、ケーキのかざりのチョコレートで文字を書くのです。字を覚えるのが、おもしろくなりますよ！

○ テスト勉強は、ゆとりをもって始めましょう。何日もかけて準備をすれば、きっと自信がつくでしょう。

○ どうすれば自分が集中しやすいのか――机に向かってすわっているほうがいいのか、教材を床にひろげて勉強したほうがいいのか、知っておきましょう。

○ きみがもっとも集中しやすい時間は、一日のうちのいつごろかな？ 朝のほうが集中できるのなら、午前中に時間がたっぷりとれる土曜・日曜にたくさん勉強しましょう。

テストを受ける

○ 問題を解きはじめる前に、質問は必ず２回、読みます。

○ 簡単に解けそうにない問題があれば、しるしをつけておき、次の問題に取り組みます。そして、時間があれば、あとでじっくり解きましょう。ひとつの問題だけに、時間をかけすぎないようにします。

○ テスト時間を知り、それぞれの問題にどれくらいの時間が使えるのか考えます。最初の２～３分間のうちに、こうした時間の割り当てをします。

○ せっかく勉強したことを忘れてしまったなら、先生にことわってから、何も書いてない紙に、頭にうかぶことを書いていきます。リラックスすれば、きっと思い出せるよ！ コツは、頭にうかんだことをなんでも書いてみること。それを整理していけば、記憶がはっきりしてきます。

○ テストの量が多くて不安なら、前もって先生に相談しましょう。たとえば、一度にやる量を半分にしてもらい、残りは、時間をずらすか、別の日にやれるようにしてもらいます。

○ テストが始まったら、深呼吸をし、少しのあいだ目をつぶります。ちゃんと勉強もしたし、ベストをつくしたと自分に言いきかせます。（もちろんこれは、ほんとうに勉強していたときにだけ、役に立ちます‼）

○ テストの終わりごろに時間があまれば、答案を見直します。

文章を書くテスト

○ 答案用紙に書きはじめる前に、書きたいことのあらすじ（アウトライン）を考えます。どんなことを書くつもりか、メモにします。このメモは消したり直したりできるよう、えんぴつで書きます。

○ 手で書くのが苦手なら、先生に話して、ワープロやパソコンを使わせてもらいます。また、書くかわりに、ほかの時間に口頭で答えてもいいかどうか、または別の部屋で自分の答えを録音してもいいか、先生にたずねてみましょう。

整理と計画

　もしきみが、宿題用のプリントをなくしてしまい、次の日、宿題ができないまま学校に来たら、机の中の体そう着のあいだから出てきた！……というような子だったら、ここに書いてあるアイデアが役に立つかもしれません。

　はじめのうちは、ただ「やること」が増えるだけだと思うかもしれませんが、こうすることで大きなちがいが生まれます。ものをなくして、さがしてばかりいたきみも、これで時間がずいぶん節約できるでしょう。

○ 毎週、同じ曜日の同じ時間に、ランドセルやかばんを整理するよう決めておきます。いらなくなった紙やプリントはリサイクルへ。ルーズリーフ式のノートを使っているなら、それ

ぞれのページが教科ごとにきちんとまとまっているか、たしかめましょう。

○ 学校と家のどちらの机も、週に一度は整とんします。家では机のまわりをきれいにしておくため、ファイルや箱を使うとよいでしょう。紙やえんぴつなど、予備の文房具はいつも同じところに置いておきます。

○ 宿題用のれんらくノートを用意する。毎日、学校から帰る前にそれを見て、各教科の宿題をチェックします。宿題のない教科のらんには、「なし」とか「×」と書きます。

○ 自分の部屋に、大きなカレンダーを用意しましょう。レポートや課題、テストや特別活動などの予定を、そのカレンダーに書きこみます。毎晩、歯みがきをしたあとにカレンダーを見て、次の３日間の予定をたしかめます。

○ 毎朝、あわてなくてすむよう、学校に持っていくものは前の日の夜に用意しましょう。寝る前に、ランドセルやかばんにノートや宿題を入れます。これを習慣にしておけば、学校で先生がきみのそばに立って見ているところで、「算数の宿題はちゃんと持ってきたかな……」とドキドキすることがなくなり、気分よく一日がスタートします。

○ 必ずしなくてはならないことは、記憶にたよらずメモしておき、よく見えるところにはっておきましょう。

○ 道具や体そう着は同じ場所に片づけること（マーカーペンはランドセルの外ポケット、体そう着はふくろに入れて後ろのたななど、それぞれ、みつけやすい場所を決めておきます）。

○ 前もって計画を立てることを学びましょう。これを身につけ

たら、トラブルがずっと少なくなります。ものごとを正しいと思う順番にやるよう、心がけるのです。たとえば、料理をするなら、先に必要な材料をそろえておきますよね。課題をやるのに特別な材料がいるときは、お店に買いに行く前に、リストを作っておきましょう。

大きな課題

大きな課題があったり、テストが近づいてきたりしたら、時間をむだにしないで準備をするコツがあります。次のことをチェックしましょう。

○ しめきりはいつ？

○ 何と何をすればいいのか、書き出してみよう。

○ やる順序を決める（それぞれを「ステップ」とよびます）。

○ かかる時間を予想し、ステップごとに時間配分をする。

○ 各ステップを実行する日をカレンダーに書きこむ。

○ ほかの予定と重ならないか、２回チェックする（たとえば、サッカーの大会がある週末に長いレポートをしあげる、というような計画は立てないようにね！）。

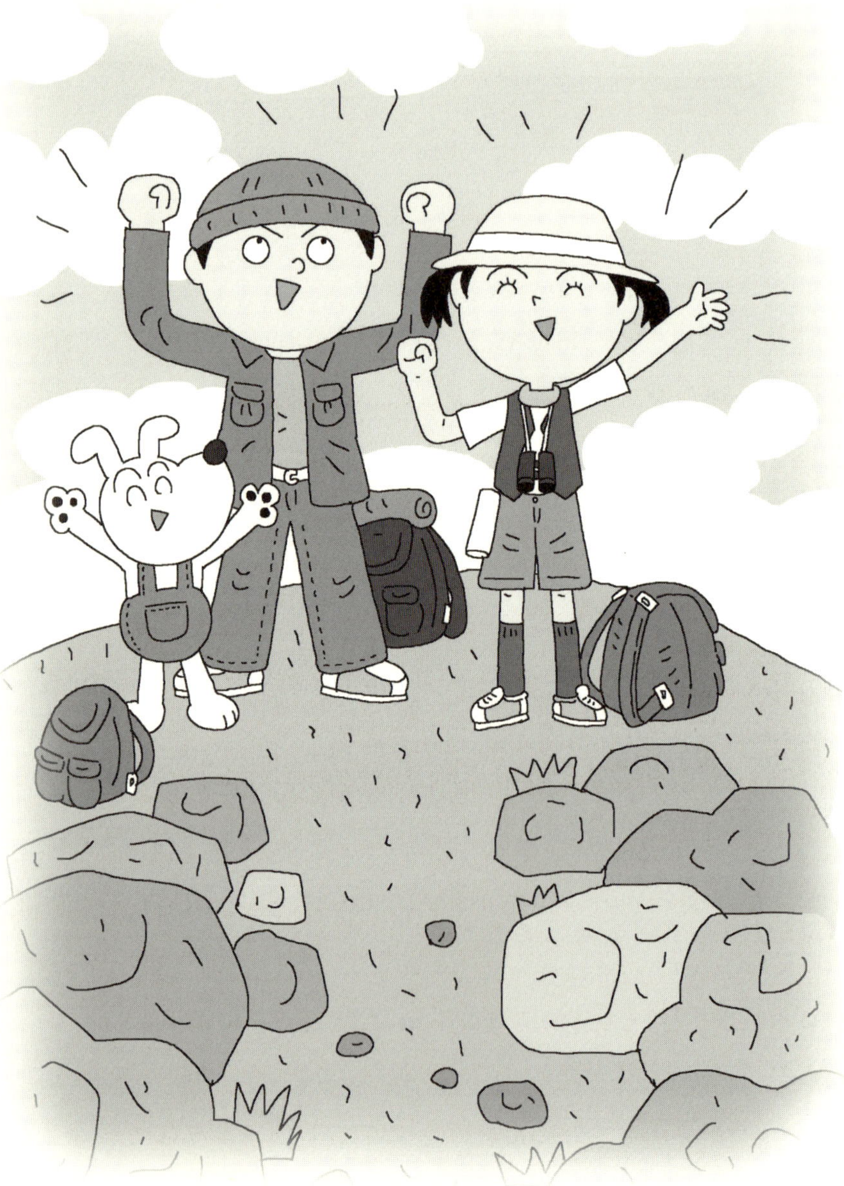

おわりに

　さて、みなさんにはもう、LDのことが前よりもよくわかってもらえたと思います。学年があがるときには、山を登る人を勇気づけていたものを、もう一度、思い出してみてください。それは、「一歩、進むたびに、頂上に近づいている」という気持ちです。きみをなやませている問題のために、うまく進めないときは、学びやすくする道具ややり方がいろいろあったことを思い出してください。どうしていいかわからなくなったら、助けてくれる人に相談しましょう。

　いまでは、LDの子どもを助けるための特別なプログラムを用意してくれている学校がたくさんあります。LDだからといって、自分のやりたいことができないとか、なりたいものになれない、なんてことはないはずです。きみには知恵があり、すぐれたところがあり、まわりには助けてくれる人たちがいるのですから。

　そう、山を登りきるために必要なものは、みんなそろっているのです！

訳者あとがき

　本書の原作は、1996年にアメリカで発行された『Many Ways To Learn』。学習障害のある子どもたちに向けて語りかけ、子どもが「むずかしさ」を感じている勉強や活動にどう取り組めばよいのか、具体的な方法を示したガイドブックです。こうした方法を実践して、学習に対する苦手意識が少しでもうすれれば、モヤモヤした思いが晴れ、自分のことがもっと好きになれる、というのです。子どもが自分で読めるよう配慮されたこのような本は、日本にはまだ少ないのではないでしょうか。

　そこで、学習がうまくいかずにとまどっている日本の子どもたちにも、『いろんな学び方、あるんだね！』と気づいてもらえるよう、日本語版制作にあたっては、いくつかの工夫をしました。著者のメッセージを、わかりやすく見やすい形でお伝えするだけでなく、日本の学校や家庭の環境を考慮して書き換えたところもあります。また、掲載された写真の多くは、新たに撮りおろされたものです。

　子どもの心にダイレクトに届く訳文を書くにあたっては、東京書籍の大山茂樹さんから細やかなご指導を受け、山本幸男さんに後方支援をしていただきました。こうしてできた本文に、はやし・ひろさんの魅力的なイラストが添えられ、金子裕さんの装丁により、日本語版が完成しました。皆さまに厚くお礼を申しあげます。

　この本を手にしたお子さんが、自分に合った方法をひとつでもみつけてくれれば、訳者にとってこれほど嬉しいことはありません。

　2008年6月　梅雨の晴れ間に

黒川 由美

ジュディス・スターン Judith Stern
アメリカ合衆国メリーランド州在住の教育コンサルタント兼特別支援サービスコーディネーター。LD や AD/HD の子どもたちとその保護者、教師を対象に活躍。著書『ブレーキをかけよう』ほか

ウージ・ベン=アミ Uzi Ben-Ami
アメリカ合衆国メリーランド州在住の教育コンサルタント兼教育心理士、家族療法士。2つの子どもクリニックの主任心理士も務める。LD や AD/HD の子どもたちとその保護者、教師を対象に広く活躍。

黒川 由美 くろかわ ゆみ
翻訳家。津田塾大学英文学科卒業。主な訳書に『ビアトリクス・ポター：ピーターラビットと大自然への愛』（ランダムハウス講談社）、『オードリー・ヘップバーン：華麗なるパラマウント映画時代』（東京書籍）など。発達障害に関心があり、このテーマの訳業にもかかわってきた。

はやし・ひろ
大学卒業後、編集者を経てイラストレーターに。新聞・雑誌・Web 等、イラスト・イラストルポコラム・イラスト Map 等、鋭意連載中。

70 ページ写真：中村 英良
編集協力　山本幸男 / 編集　大山茂樹 / 装幀　東京書籍 AD 金子裕

いろんな学び方、あるんだね！
子どものための LD ガイド

2008 年 6 月 28 日　　第 1 刷発行

著　者	ジュディス・スターン ＆ ウージ・ベン=アミ
訳　者	黒川 由美
イラスト	はやし・ひろ

発　行　者　　河内 義勝
発　行　所　　東京書籍株式会社
　　　　　　　〒 114-8524　東京都北区堀船 2-17-1
　　　　　　　電話 営業（03）5390-7531　編集（03）5390-7513
印刷・製本所　壮光舎印刷株式会社

東京書籍　書籍情報（インターネット）http://www.tokyo-shoseki.co.jp
　　　　　e-mail：shoseki@tokyo-shoseki.co.jp

禁無断転載　　乱丁・落丁の場合はお取り替えいたします
ISBN 978-4-487-80260-9　C0037

Japanese edition copyright © 2008 by Tokyo Shoseki Co., Ltd.
Illustrations copyright © 2008 by Hiro Hayashi
All rights reserved.　　　　　　　　　　　　　　　　Printed in Japan

東京書籍の好評基本図書

自分の怒りをしずめよう
子どものためのアンガー・マネージメント・ガイド
ジェリー・ワイルド 著　鈴村 俊介 訳　ふじわら ひろこ 絵

子どもがキレやすかったり、怒りっぽいかったりするとき、本人や保護者が読むのにピッタリです。
具体的にどうすればよいか、分かる本です。

　　　　　　　　　東京都立梅ヶ丘病院 院長 市川宏伸

物事が思い通りにならずにストレスを抱えたとき、「キレる」といった形で反応する人が増えています。本書は、大人にも有効ですが、子どもが自分の目線でどうすればよいかわかるように仕立てられた初めての本です。

ISBN 978-4-80248-7　C0037
定価:本体1,000円(税別)　税込1,050円
A5判 62頁　イラスト13点

待望の書

きみも きっと うまくいく
子どものためのADHDワークブック
キャスリーン・ナドー ＆ エレン・ディクソン 著
水野 薫 監訳　内山登紀夫 医学監修　ふじわらひろこ 絵

子どもが多動・注意・集中・衝動で心配なとき、具体的・実用的な対応がわかります。
大きな字で、イラストも多く、親子で読むのにピッタリです。

　　　　　　　　　東京都立梅ヶ丘病院 院長 市川宏伸

(推薦文)

ISBN 978-4-80209-8　C0037
定価:本体1,100円(税別)　税込1,155円
A5判 96頁　イラスト65点

改訂版

十人十色なカエルの子
特別なやり方が必要な子どもたちの理解のために
落合みどり 著　宮本信也 医学解説　ふじわらひろこ イラスト

特別支援教育のコツをカエルの子らの絵でわかりやすく示した。

　　　　　　　　　杉山登志郎先生 推薦

ISBN 978-4-487-79841-4
定価:本体 1,600円(税別)　税込1,680円
A5判 88頁
(うちカラー64頁)

大好評の絵本